ていうか、男は「好きだよ」と嘘をつき、女は「嫌い」と嘘をつくんです。

DJあおい

幻冬舎文庫

DJあおい

ていうか、
男は「好きだよ」と
嘘をつき、
女は「嫌い」と
嘘をつくんです。

はじめに

男と女は異質な生き物。男は女に恋愛感情を抱《いだ》き、女は男に恋愛感情を抱きます。男は女のどこに惹《ひ》かれ、女は男のどこに惹かれるのか。それはお互いの違うところ、お互いのわからないところです。わからないから興味を抱き、それを知りたいという欲求が恋愛感情に発展します。

「その人のどこが好きなの？」。そう問われたら多くの人は言葉に詰まるでしょう、なぜならば「わからないから」。

自分とは異なるわからない部分に惹かれ合うのが男と女。相手のどこが好きかと問われたとき、わからないと答えるのが嘘偽りのない本心でしょう。

男と女の恋愛が終わるときは、お互いが「わかったつもり」になったときです。

その人のまだ知らない部分に興味を抱けなくなり、いつしかわかっているつもりになってしまったとき、その恋愛感情は消えてなくなってしまいます。

お互いが興味を抱けるわからないところを生産し続け変化し続けていくのが賞味期限のない恋愛。

男は男であり続けるために理想の自分を追い求め、女は女であり続けるために理想の自分を追い求め、変わらぬ関係であるためにお互いが変わり続けること、いつまで経ってもお互いにわからないところがある関係でいること。

男と女はわかり合ってしまったらもう終わりなんですよ。

すべてを知ってしまったらすべてを失うことになるのが男と女なんです。

本書では男と女の違いを多数取り上げていますが、それはまだほんの入口の部分。

ほんの少しのわからない部分をわかりやすく料理して提供しています。

知れば知るほどわからないところを知るように、この本を読み終えた頃にはますます男と女の違いに興味を持っていただけたら幸いです。

contents

第2章

ちょっとそこに座りなさい。

～DJあおいの説教部屋～

第3章

いい男、いい女。

第1章

ていうか、男と女は

違う生き物なんです。

相手も〝私と同じ人間〟と考えていたら
いつまで経っても恋はうまくいきません。
男と女の頭の中はこんなにも違うのです。

01

強さを装ってしまうのが、男。

弱さを装ってしまうのが、女。

強い女を弱くさせるのが、いい男です。

「自分を偽って、可愛げのある女になった方がいいのでしょうか」という相談をいただきました。

男性は自分より弱い女性が好きな傾向がありますから、そのように悩んでしまうのも仕方ないことです。男性にとって、可愛げのない女性というのは、自分より強い女性のことなんでしょうね。だから、男は強さを装い、女は弱さを装い、結果、偽りの恋愛で本来の自分を見失ってしまうんです。

でも、自分を偽ってまで好かれる必要なんて一切ありません。強い女を弱くさせるのがいい男であり、弱い男を強くさせるのがいい女なんです。

強い女になることは、くだらない男を寄せ付けないための虫除《むしよ》けでもありますからね。くだらない男にまで可愛げのある安っぽい弱さを見せる必要なんてないんですよ。

女の弱さは大切な人のために秘めておくものですからね。

02

誰かを嫌ったときに
過ちを犯すのが、男。
誰かを好きになったときに
過ちを犯すのが、女。

女は、恋をすると盲目になりやすい。

男性は理性で好きになって感情で嫌いになり、女性は感情で好きになって理性で嫌いになる傾向があります。

コントロールできるのは理性、コントロールしにくいのは感情というもの。

男性は、理性で好きになる傾向があるので、どうにもならない恋はあまりしない。一方、女性は、理性で嫌う傾向があるので、嫌いな人が相手でも器用に立ち回ることが得意だったりします。

さて、問題なのは感情の方です。過ちを犯すのはだいたいコントロールできない感情のせいなんですよね。男性は、感情で嫌う傾向があるので、過ちを犯すのは誰かを嫌ったときに多いんですよ。逆に、女性は感情で好きになる傾向があるので、過ちを犯すのは誰かを好きになったときに多い。

盲目的に人を嫌うのは男で、盲目的に人を好きになるのは女、という傾向が強いということですね。

03

男は、いい女が好き。

女は、「自分はいい女だと思わせてくれる男」が好き。

男は見て恋をして、女は見られて恋をする。

男は自分の目で見て恋をして、女は見られて恋をする傾向があるようです。

最もわかりやすいのが男と女の騙《だま》され方でしょう。ちょっと悪質な詐欺を例にしてみると、男性で最も被害が多いのは、出会い系の詐欺など「いい女とヤレるかもー！」と、いい女に目が眩《くら》んで騙されるものです。一方、女性で最も被害が多いのは、美容系の詐欺なんですね。「いい女になれるかもー！」と、いい女になれることに目が眩んで騙されるわけです。こういう詐欺には気をつけてくださいね。

まぁ、たまーに、私のところにも若い男子から「一生懸命いい男になろうとお金を掛けているのにちっともモテません！」という相談があります。でも、いい男に見られようとしてもあまり効果がないんですよねぇ……むしろいい女だといかに思わせることができるかが男の実力なんじゃないでしょうか。

04

「好きだよ」と嘘をつくのが、**男**。

「嫌い」と嘘をつくのが、**女**。

安心感を得られない行為なんて刺激だけ。

まだ付き合っていないけど好きな男にＳＥＸを迫られたらどうしたらいいのか問題について。

男はできなかったことを後悔し、女はしてしまったことを後悔するんです。もし男が「付き合うってすごく責任があることだから簡単には言えない。だから身体《からだ》の相性を先に知りたいんだ」なんて言ってきた場合は、付き合うことには責任を負うけど、女を抱くことに責任は負わないということですよね。嘘が下手《へた》くそすぎる男ですね。ちゃんと責任を持って抱いてくれるから、女はその身を安心して捧《ささ》げることができるわけですよ。

安心感の得られない行為なんて刺激だけです。刺激だけで満足するほど女はバカではありません。安心感を演出してやれねえ男にいい男はいねえです。そんな男には、騙すならもっと上手に騙せとダメ出ししてあげてください。

この格言については、「おわりに」でも補足させてもらいますね。

05

無条件に恋をして
条件付きで愛するのが、**男**。
条件付きで恋をして
無条件に愛するのが、**女**。

恋することには臆病なくせに、愛することには大胆になる女。

無条件に愛する気持ちは女性の専売特許です。逆に男性は、女性に能動的に恋をして、愛するときに理性的になる傾向があるんです。つまり恋をすると無条件に突っ走るけど、愛するとなると立ち止まって考えるわけです。そして愛する条件をクリアした女性に愛情を惜しみなく捧げます。要は、その条件が彼女を好きな理由になるわけですね。恋することには大胆なくせに、愛することには臆病になるのが男性というわけです。

「好きな理由を答えられない方が、愛が深い」と言う人もいますが、男が「恋ではなく愛している」場合、好きな理由は答えられるはずだと思います。なぜなら、自分で考えた愛する条件＝好きな理由になるからです。

女性は逆の傾向になります。恋をするときは立ち止まって考え、愛するときは突っ走ることが多い。恋することには臆病なくせに、愛することには大胆になるのが女性というわけですね。

06

純情を隠すために
変態を装うのが、**男**。
変態を隠すために
純情を装うのが、**女**。

最後の最後に捧げる「恥ずかしいこと」は、男と女では真逆である。

男性にとって、純情であるということは「恥ずかしいこと」である場合が多いものでして、相手が惚《ほ》れた女ならなおさら、素直にその純情を見せることが恥ずかしいわけです。それを隠すために下品な下ネタを言ったりして気のない素振りを見せるのです。相手の女性が、自分に愛情を注いでくれてはじめてその純情を差し出すのが男性なんですね。男性にとって純情な気持ちとは最後の最後に捧げるものというわけです。

一方女性は、自分の性欲を知られることが「恥ずかしいこと」である場合が多く、惚れた男にはなおさら、素直にその性欲を見せることが恥ずかしいわけです。それを隠すために純真無垢な恋する乙女を演じたりして性欲なんて微塵もないような素振りを見せるのです。その男性が自分に愛情を注いでくれてはじめてその性欲を差し出すのが女性なんです。女性にとって性欲とは最後の最後に捧げるものというわけです。最近では男女が逆転しているケースも多々ありますけどね。

07

男は、大人のフリをした少年。

女は、少女のフリをした大人。

幼さを隠したい男と、カッコよさを隠したい女。男と女に求められる価値とは。

例えば友達に恋人ができたとしましょう。

男性は、友達の彼女が「何歳なのか」が気になります。これは、男性が女性の若さに価値を見出しているからなんです。だから女性はいつまでも若くあろうと自分を装うわけです。

一方女性は、友達の彼氏が「何をしている人なのか」が気になります。どんな仕事をしていて社会的な地位はどれくらいなのかが気になるわけです。その人がどれだけ大人なのかというところに男性の価値を見出しているのが女性なんです。だから男性は経験値豊かな大人を装うわけですね。

「やだー、わかんなーい」と言いつつちゃっかりわかっているのが女の怖さだったり「それくらいわかってる」と言いつつまったくわかっていないのが男の怖さだったりするもの。男性は何歳になっても少年漫画を読み続けますが、女性は年齢によって読む本も雑誌も移り変わります。最終的には預金通帳が愛読書になるのが女性なんですよ。

08

やらなかったことを
後悔するのが、**男**。
やってしまったことを
後悔するのが、**女**。（意味深）

リベンジの方向を、間違えないように！

「昔、『彼女がいなかったら絶対ＯＫしてた、オレも昔好きだったんだ』という理由で私をフッた人から連絡がきて、最近いい感じの雰囲気になってきました。また彼を好きになっていいのでしょうか」という相談をいただきました。

こういった内容のメールをよくいただくので、ズバリ言います。おそらくその男性は、女にでもフラれて欲望の吐き出し場所を失い、昔の後悔を回収しにきただけでしょう。そもそも「彼女がいなければＯＫしてた」という謎の理由こそ、その男の、女性に対する傲慢さが表れているんじゃないかと思います。

一度フッた女に媚《こ》びる男なんて、まーたいした男じゃありません。それは「私は落ちぶれました」と宣言しているようなものですからね。もし付き合うことになったとしても、幻滅こそすれ好きになることはないでしょう。

一度捨てた女が、いつまでも好きでいると思うなよ！

09

経験人数を多めにサバを
読むのが、男。
経験人数を少なめにサバを
読むのが、女。

最後の恋がしたいと願う男と、初恋のような恋愛を望む女。

男性の思うステイタスは「どれだけたくさんの女を愛してきたのか」。女性の思うステイタスは「ひとりの男にどれだけ長く愛されたのか」。

だから男は経験人数を多めに、女は少なめにサバを読む傾向があるわけです。この場合、男性の嘘はたくさんの女性を手籠《てご》めにしたいという願望からくるものに思えるかもしれませんが、それは実は違うようで、男性のこの嘘は最後の恋がしたいという願望からくるんです。

今までたくさんの女を愛してきたけど、もうオレは最後の恋がしたいんだよという願望なんです。

一方女性の嘘は、いつまでも初恋のような淡い恋がしたいという願望からくるものです。なので、経験人数を多めに申告する男性にそれほど問題はありませんが、少なめに申告する女性は少し問題ありです。はじめての恋のような恋愛を望むということは、まだ最後の恋はしたくはないということ。初恋というものは終わりのあるものですからね。

10

ホテルに入るまでが
一生懸命なのが、男。
ホテルを出てから
一生懸命なのが、女。

性欲で一生懸命になる男、プライドで一生懸命になる女。

本気のつもりでも、一回抱いてしまうと冷めたりするのが男だったりするものでして。ぶっちゃけて言えば男というのは、一回性欲を出し切ってしまわないと自分が本気かどうかもよくわからない生き物なんですよ。賢者タイムに突入してはじめて自分の本心とご対面するわけです。そのとき自分の気持ちが愛情ではなく単なる性欲だったとわかると急に冷たくなったりするわけです。そそくさと身支度を始めて帰りたいオーラを出してくる最低な男も珍しくありません。要するに性欲を原動力に一生懸命になっていただけなんですよ。

一方女性は、遊びのつもりでも一回抱かれると本気になってしまったりする生き物でして、遊ぶのはいいけど遊ばれるのは許せないという女のプライドに火がつくわけですね。賢者になって冷めてしまうかもしれない男に本能レベルで恐怖心を抱いているわけです。自分が本気になることで、遊ばれないように一生懸命になるのが女の性《さが》ってやつなんですよ。

11

男は美女の甘い言葉に騙され、

女は「美女になれるよ」

という甘い言葉に騙される。

「キレイなお姉さん」は、無敵な存在なのかもしれません。

男性がよく引っかかる詐欺は、出会い系サイトやいかがわしい風俗など、キレイなお姉ちゃんに騙されることが多いですね。これは男性の欲求で最も理性を失ってしまうものが性欲だから。「なんか嘘くさいなぁ」と薄々感づいていても「もしかしたら……」という淡い期待で理性を失ってしまうのです。

女性がよく引っかかる詐欺というのは、美容系の詐欺でして、「楽して痩《や》せる！」とか「3日でおっぱいぼいんぼいん！」など、自分をキレイにさせてくれるような謳《うた》い文句にコロッと騙されてしまうんですよ。第三者から見れば、「そんなわけあるか！」というようなキャッチフレーズでも「もしかしたら……」という淡い期待で理性を失ってしまうわけです。

これを踏まえて、モテたいだけなら、女性の場合は男性にセックスアピールを振り撒いてりゃ楽勝ってことです。男性が女性にモテたい場合は、いい女だと錯覚するような扱いをすりゃいいってことですね。

12

男は、シングルタスク。
女は、マルチタスク。

男が恋人の存在を話さないのは、「ふたりきり」の世界が好きだから。

女性はマルチタスクにできていますので、ひとつの袋の中に仕事や友達、家族や恋人などを詰め込む生き物です。ですので、恋人ができると周りにお知らせします。複数のことを同時進行する能力には長《た》けていますが、仕事や恋愛などを切り離して考えることは不得意な生き物でもある、ということです。一方、男性はシングルタスク。仕事は仕事、友達は友達、恋人は恋人と、ひとつの袋にひとつずつしか入れない傾向があります。

ですので、恋人ができても女性のように自ら周りにお知らせすることはあまりしないようです。男性は、周りを巻き込まない「ふたりきり」の世界を好むようです。あくまでも傾向ですが、男性が恋人の存在を周りに言わないのは、決して大事にしていないからというわけでもないようです。

とはいえ、周りとの人付き合いはマメではないので、そこら辺は女性が主導権を握った方がうまくいきそうです。

13

恋をすると、男は強くなり、
女は弱くなる。
愛することで、男は弱くなり、
女は強くなる。

恋から愛の段階へうつるとき、女は男よりも強くなる。

恋愛初期というものは女性が主役ですよね。男性が女性をプロデュースする側で、いかに女性が輝けるのかが恋愛初期です。いわば男性は女性のための女性が輝ける恋愛を演出するプロデューサー。ちなみに、力関係は当然演者よりプロデューサーの方が上です。その手腕で惚れた女をいい女にプロデュースするためには強くなければならないわけです。だから恋愛初期の段階では男性が強い。

しかしこの状態が続くと女性が怠慢になり倦怠期《けんたいき》に突入してしまいます。実はここが転換期でここからは男性が主役の恋愛後期、つまり愛の段階にステップアップする時期となります。

今度は女性がプロデューサーになって自分の男を社会的にも「いい男」に育ててプロデュースしなければならないわけです。ここで演者とプロデューサーの立場が入れ替わりその力関係も逆転するわけです。自分が愛する男をいい男にするために、強い女にならなきゃいけないわけですよ。

14

男の話は、航海。

女の話は、漂流。

共感を強要するような話題は、男性を遠ざけるだけ。

「私が話していても、彼の反応が薄くて聞いてくれているのかわからない」と言う女性は多いです。

男性は、目的地のない話題はあまり得意ではないようです。何気ない会話の中でも常に着地点を探していたりするのが、男性の特性だったりします。一方女性は、会話自体にあまり目的地を求めません。ただ海原を漂っていたいだけの会話だったりするのです。電話や立ち話でいつまでもいつまでも喋《しゃべ》り続けることができるのは、どちらかと言えば女性の方ですね。

また、女性は会話に共感を求めます。悪い癖ですね。共感以外は受け付けないような会話は、男性からしたら戸惑うものなのかもしれません。

会話の基本は「引き出し合い」。相手もまだ知らない自分を引き出すことに、会話の面白さはあると思います。自分のことではなく、その人にフォーカスした話題を選ぶよう心掛けましょう。

15

「好き」を身体で表現して
ほしいのが、**男**。

「好き」を言葉で表現して
ほしいのが、**女**。

「好きな理由」なんて、必要ないんです。

「彼氏のどこが好きなの？」。この質問に答えられなくても悩むことはありません。

まずですね、これは男女で少し傾向が違うんですよ。

女性は、感情で好きになり理性で嫌いになる、という傾向があります。なので、嫌いな理由はいくらでも言えたりするんですけど、好きな理由はうまく言葉にできなかったりします。

一方で男性は逆でして、理性で好きになり感情で嫌いになる、という傾向があります。なので、好きなことを語り出すと止まらなくなるのですが、嫌いな理由はうまく言葉にすることができないんです。

それを踏まえて言うと、男性はその傾向を活《い》かして、女性への好きだという気持ちを言葉で表現してほしいですね。女性は、彼を好きな理由を言葉にすることが苦手でも、身体で表現してほしい。そうすれば、お互いのニーズがぴったりなんです！

16

男は、女の未来になりたがり、
女は、男の過去になりたがる。

男性は思い出話より、
これからの話に愛情が湧き出るもの。

女性は過去にこだわる傾向がありますが、男性は逆に未来にこだわる傾向があります。なので、彼と話すときは思い出話も結構なんですが、たまにはふたりのこれからの話を聞いて、その愛情を受け取ってあげるのも女性の役目なんですよ。

ちなみに、彼が元カノの何気ない話をする度に嫉妬しているあなたへ朗報です。あなたは、恋人と別れたとき、辛《つら》くて早く忘れたいと願いますよね。あれは、その人とどこに行って何をしたとかいうシチュエーションを忘れたいわけではなく、それに伴う感情を忘れたいだけです。ですから、前の恋人との出来事はわりと覚えているもの。感情を忘れることができていないのなら、思い出すことは苦痛を伴うことになります。

思い出すということは、感情を忘れられているということなので、いちいち反応して無駄なケンカをするよりも黙って流してあげた方がよいようですよ。

17

物を集めるのが、**男**。

人を集めるのが、**女**。

ひとりの時間が充実しているから、ふたりの時間が充実する。

男性の趣味との付き合い方についてです。女性は、趣味を共有したがる人が多いですが、男性からしてみれば「趣味＝ひとりの時間」という意味合いが強いようです。

それは恋人から解放される時間にもなるわけですから、恋人が自分の趣味のフィールドに立ち入ることを快く思えない男性もたくさんいます。

男性は物を集め、女性は人を集める――というように、趣味に対する考え方の傾向も、男性と女性とでは違ったりしますから、無理に合わせようとするとトラブルの引き金にもなります。

女性は、「男の趣味は理解はしても、立ち入ることはしない」という距離感で見守ることが大事だと思います。

彼の一番の理解者でありたいのなら、ひとりの時間を大切にしてあげることです。何でも共有したいという気持ちはときに束縛に等しいほど窮屈なものになりますからね。

18

女が応援したいと思える自由を創造するのが、**男の務め**。

男のその自由を応援するのが、**女の務め**。

恋人には自由を与えること。その自由の使い方で、相手の中身がうかがえます。

「自分の人生だから好きなように遊びたい」という彼氏に手を焼いているあなた。確かに、自分のやりたいことを自分の意思でやってこそ、人生に責任が生じます。でも「やりたいこと」というのは、決して「遊ぶこと」ではないはず。自分のやりたいことをわかっている人にとって、遊びというものは息抜き程度でしかありません。遊ぶことが目的の自由ではなくて、あくまでも自分のやりたいことのための自由なんですね。

彼が「自分の好きなように生きたい」と言って遊びに走ってしまうのは、実は自分の好きなことがよくわかっていないから。自分の好きなこと、やりたいことというものがない、もしくは逃げているからです。それを踏まえて、それでもなお恋人には自由を与えてあげましょう。その自由の使い方でその人の中身がうかがえます。その使い方が自由を消費するだけの「遊び」ならば、その程度の人だったということ。それがその人の実力です。

19

自分に恋人がいたとしても、
友達を優先するのが**男の友情**。

自分よりも恋人を優先できるように、
一歩身を引くのが**女の友情**。

男同士の友情と、女同士の友情は、こんなに違う。

男性は、自分に恋人がいても友達を優先しがちでして、それを許してやるのが女の愛情のひとつだったりします。逆に女の友情は、友達に恋人ができたら自分よりも恋人を優先させてあげるように一歩身を引く傾向があります。それを察して「たまには女の子と遊んでこいよ」と言うのが、男の愛情なんです。

女は彼氏ができると男を優先してしまうところがあるので、「女の友情はハムより薄い」なんて言いますけども、そんなことないです。そういう希薄な友情にしがみついている女性は一部の〝友達がいなきゃいけない教〟の信者だけです。ちゃんとした友情を結んでいるなら、自分の方から一歩引いてあげるのが女の友情です。

女の友情は、友達の幸せを優先してあげるという形の方が大多数なんです。薄いように見えてしっかり丈夫にできているんですよ。

20

悩んだとき
放っておいてほしいのが、男。

悩んでいたら
話を聞いてほしいのが、女。

悩んでいる彼女を放っておく男の心理。

恋人が悩んでいるとき自分はどうしたらいいのか。それを考えたときに、基準になるのは「自分ならどうしてほしいのか」という自分基準ですね。

男性はどちらかと言えば放っておいてほしい生き物ですので、彼女が悩んでいたら放っておいてあげる優しさを持っている人が多いです。女性はどちらかと言えば、話を聞いてほしい生き物ですから、彼氏が悩んでいたら話を聞いてあげようとする優しさを持っている人が多いです。まぁこれがすべてではないので、話を聞いてくれようとする彼氏に「こいつめんどくせー！」と逃げる女性もいると思いますが、自分が惚れた男ですからそこは優しさとして受け取っておくのが女ってもんです。

その優しさに「ありがとう」を言うところから、話し合いになるものだと思います。悪意として受け取ればケンカになり、優しさとして受け取れば話し合いになるものなんです。

21

たったひとつの欲望を
たくさんの女に求めるのが、**男**。

たくさんの欲望を
たったひとりの男に求めるのが、**女**。

欲望は自分を満たすため、
愛情は相手を満たすためにある。

男性と女性の欲望の違いですね。男性はひとつの欲望をたくさんの女性に求めるのに対し、女性はたくさんの欲望をひとりの男性に求める傾向があります。

欲望に振り回されてしまったら、男性は軽さゆえに女性を傷つける生き物になりますし、逆に女性は重さゆえに男性を傷つける生き物になります。

欲望は自分を満たすため、愛情は相手を満たすためにあるもの。欲望と愛情を天秤《てんびん》にかけて、欲望が勝ってしまったときに人は醜い生き物になるわけです。

「愛する人の存在」というものは欲望に負けない愛情を育《はぐく》むための存在です。人が人であるために必要不可欠な存在なんですよ。

現に欲望に簡単に負けてしまう人というのは、愛されたいだけで誰も愛してはいない人ですからね。

22

敏感さが足りないのが、**男**。

鈍感さが足りないのが、**女**。

気づいてほしい女と、気づいてほしくない男。

男性と女性の感受性の差異。ズバリ、そこから男女間のすれ違いが生じます。

これはたくさんのお悩みに触れさせていただいてわかったことですが、男性は女性が気づいてほしいところに気づかず、女性は男性が気づいてほしくないところに気づく傾向があるようです。そこからすれ違いが生じる場合が非常に多い。

よって、男女間の関係を円滑に進めるためには、男性の敏感さと女性の鈍感さが必須になってきます。円満な関係ほど、お互いにこのスキルを身につけています。これは話し合いぶつかり合って培ったものだと思うんですよ。でもこれが行きすぎると今度は逆転して、男は敏感になりすぎて女々《めめ》しくなり、女は鈍感になりすぎておっさんになるようですので要注意。

敏感になりすぎず、鈍感になりすぎずお互いに歩みよったところが、お互いにとって一番いい場所になるわけです。

23

男は、別れた彼女の次の男に
嫉妬して、

女は、彼氏の元カノに
嫉妬する。

前の彼女を良く言うということは、それだけ吹っ切れているという証。

「彼が元カノとの思い出話をしてくるんですが、未練があるのか心配です」という相談をよくいただきます。

男性は前の彼女の悪口をあまり言わないという傾向があります。男性が嫉妬するのは、彼女の元カレよりも自分の次に付き合う男で、女性は元カノに嫉妬し、彼氏の新しい彼女にはあまり興味ないようです。

人は、自分にはもう必要のない情報から忘れていきます。失恋で辛い思いをして、学び、その分だけ成長できたときに、やっと辛い思いは必要のないものになります。恋愛感情は消えてなくなり、美しい思い出だけが残るのです。

彼氏が、前の彼女を良く言うということは、吹っ切れているという証《あかし》。逆に悪く言う人の方が少し怪しい。

まぁ、理由もなく元カノの話をするなんて、デリカシーがないので、その嫉妬心は夜のベッドに持ち込んで燃焼させてください。

24

恋愛に飽きてくると
メールが多くなるのが、**男**。
恋愛に夢中になると
メールが多くなるのが、**女**。

マメに連絡をくれる男は、実は面倒くさがりかもしれません。

女性は恋愛が生活のすべてになってしまう傾向があるのに対して、男性にとっての恋愛とは生活の一部にすぎないことが多いです。

恋愛が生活のすべてになると、24時間恋愛モードになるわけですから、連絡手段であるメールにも感情を持ち込み、その頻度も高くなるもの。それに対し、恋愛が生活の一部の人にとっては、恋愛モードになるのは主に会っているときなので、メールは恋人と会うための間接的な連絡手段でしかありません。

ですが、その恋愛に飽きてくると、会うことが面倒になり「メールでいいや」という思いが強くなって、実際に会うのではなくメールが増えてくる、というわけです。マメにメールをくれる人というのは、実は面倒くさがりな人が多い。彼から連絡がない、と不安になって無駄な妄想を膨らませるよりも、約束をとりつけるためにビシバシとメールを送りつけましょう。

25

男は、男であることをサボると
女々しくなり、
女は、女であることをサボると
おっさんになる。

男であること、女であることを忘れずに成長していきましょう。

恋愛の賞味期限は自分次第です。男は、女に飽きません。女も、男に飽きません。男が飽きるのは女を棄《す》てた女だけ、女が飽きるのは男を棄てた男だけだからです。

お付き合いが馴《な》れ合いになってしまうと、男であることを怠ったり、女であることを怠ったりしがちです。男は潔さを、女は気遣いや身だしなみを整えることを忘れがちになるかもしれません。

しかし、恋愛とは自分とは異なるところに惹かれるものです。女性は女々しさには惹かれず、男性はおっさんには惹かれません。そうなってしまったら、もう恋愛としては成立しないんですよね。ただ情だけで付き合うようになり、男として女としてどちらかが飽きてしまうわけです。

恋愛を維持するためには、お互いが男として女として成長していかなければならないってことですね。

26

友情をサッカーボールのように
扱うのが、**男**。
友情をお神輿《みこし》のように
扱うのが、**女**。

大事そうにしている友情ほど脆《もろ》い？
男と女、それぞれの友情について。

男性にとっての友情とはサッカーボールのようなものです。蹴り飛ばしたり踏んづけたりと雑に扱っているように見えますが、チームとしての戦術をしっかりと共有し、司令塔がいたりサイドを駆け上がる者がいたりゴールを守る者もいたり、役割は違ってもひとつのボール（友情）というものを差し出し合って成立しています。何よりもボールがなくなればみんなで日が暮れるまで探します。

女性にとっての友情はお神輿みたいなものでして、みんなで担いでいるように見えて、担いでいるフリをしてサボっている者が必ずいます。リーダー格の女性は神輿の上に乗りワッショイ言っていたりしますが、お荷物でしかありません。「お前も担げこのやろう！」と言いたくなる気持ちをこらえて下の者は汗を垂らしながら担いでいます。そのわりにそのお神輿が何を祀《まつ》るものなのかは誰も知らなかったりします。開けてみたら空っぽの友情だったなんてことも多々ありますよね。

27

男の下ネタは、バラエティー。

女の下ネタは、ドキュメント。

笑いが目的の下ネタと、愚痴や相談が目的の下ネタ。

男性の下ネタというのはあくまで娯楽の一環みたいなものでして、実体験よりも笑いの方を優先するものですよね。

ですので、事実である必要もないし湿っぽいエロ要素がなくてもいいんです。笑いのためなら、服も下着も脱ぎ捨てて「たけこぷたー！」と叫びながらへその下についているやつをグルングルン振り回すことだってOKなんです。「くまの子見ていたかくれんぼ、おしりをだした子イッツショータイム‼」と歌ってお尻を出してもいいんです。なるべくいやらしさを消して笑いをとるのが男性の下ネタですね。

でも女性はそんなことはできません。そんなことをしたら親が号泣してしまいます。女性の下ネタというのは実体験からくる愚痴や相談が多いんですよ。「昨日彼氏とこんなこと（自主規制）したんだけどさぁ……彼氏のあれが（自主規制）あれであれでさぁ……」みたいなドキュメンタリータッチなんです。下ネタがエグいのは女性の方なんですね。

28

残っている独占欲（性欲含む）から
「忘れてほしくない」と願うのが、**男**。

残っている愛情が痛いから
「忘れたい」と願うのが、**女**。

男が、前の女と連絡をとり続けるのは、女よりも感受性が弱い生き物だから。

「彼氏が元カノと連絡をとり続けています。まだ好きなのでしょうか。意味がわかりません」という相談をよくいただきます。女性は男性よりも感受性が強い生き物ですから、失恋の痛みも男性よりも数倍強く感じるようです。あまりにも傷つくと、脳は危険信号を発して早く忘れるように促します。一種の自己防衛ですね。なので、失恋から立ち直るのは男性よりも女性の方が早いのが一般的な傾向です。

ですので、女性というものは一度失恋した男を二度と男として見ない（見られない）人が多いんです。感受性の強い女性は忘れたい忘れたいと願うものですが、女性よりも感受性が劣る男性は忘れてほしくない忘れてほしくないと願うものなんです。だから男は、成仏できない霊のようにいつまでも前の女と連絡をとり続けるわけです。

ちゃんと愛していた人ならば、気軽に連絡なんてできない（拒絶反応）のは、女性の方がよくわかっていますよね。

29

大事なことを忘れるのが、**男**。

余計なことを覚えているのが、**女**。

男は幸せに敏感で、女は不幸に敏感だったりする。

女性には「女の勘」という特殊能力があるのですけども、言い換えてみれば不幸に敏感な能力なんですよね。だから女の勘というものは悪い予感しか当たらないもの。常に不幸というものを察知するアンテナをおっ立てているわけです。過去に起きた不幸な出来事をサンプルにして同じようなシチュエーションになった場合に頭の中の非常ベルが鳴るようにできているんですね。そのためには過去の嫌な出来事をしっかりと記憶に刻み込まなければならない。だから男が忘れてほしいことほど、いつまでも覚えているわけですね。これは女性特有の「不幸にならないための能力」なんです。

一方男性は不幸にならないための能力よりも、幸せになるための能力に長けているものでして、そのために過去の過ちなどは忘れる作用が働くわけです。その代わりに過去の栄光などはしっかりと覚えていたりするものでして、女性とは反対に不幸には鈍感で幸せには敏感だったりするわけですね。

30

罪悪感があると
恋人に優しくなるのが、**男**。
罪悪感があると
恋人に冷たくなるのが、**女**。

隠し事がバレないように、優しく接するのが男性心理。

「彼と街を歩いていてキレイな人がいると、彼がすぐにその人を目で追ってケンカになる」「自分の外見にコンプレックスがあるので、彼が他の女性を意識しているのを感じる度に、不安でたまらなくなる」。そういう相談をよくいただきます。

女性は隠し事があると自分の男には冷たくなりますが、男性は逆で自分の女には優しくなります。隠し事がバレないように、恋人に優しく接するのが男性心理のようですね。ということで、外出先で他の女性を目で追うのは身の潔白からくる安心感の表れでして「自分は隠し事がない潔白な身分」という自信が免罪符となって他の女性を見てしまうそうです（気持ち悪いですが）。ですので、安心して耳を捻《ひね》りあげてやってください。

むしろ他の女性を目で追わなくなったら要注意です。そのときは何か隠し事をしているのかもしれません。それまでネガティブな気持ちはポケットにしまっておきましょう。

31

怠慢で浮気するのが、男。

不満で浮気するのが、女。

男の浮気がバレて、女の浮気がバレないわけ。

女の浮気が見破れないのは、女の嘘が上手だからではありません。女の浮気が見破れないほど、自分の女を見ていないような男が浮気される、というだけなんですよ。

男性の場合は、女性からちゃんと愛されているときの気の緩みから浮気するケースが多いんです。この場合、女性はちゃんと愛しているわけですから、男性のことを観察しています。なので、男性の浮気はすぐにバレるわけです。

一方、女性の場合は、男性から愛されていない不満から浮気するケースが多いんですね。女性が不満を感じるときというのは、話を聞いてくれない、自分を見てくれない、自分に無関心……まぁだいたいそんなところです。

つまり、男性から関心を寄せられていないときに浮気する傾向があるんです。だから女性の浮気はバレにくいというわけなんですね。ただ、それだけのことなんです。

32

欲望に負けないのが、**男子力**。

寂しさに負けないのが、**女子力**。

男性と女性の弱点。

女は寂しさから理性を失い、男は欲望で理性を失います。

思い当たることはありませんか？　そう、まさに男女が浮気をしてしまうタイミング。

騙されるタイミングも同じことが多いです。

また、後悔のもとになるのもこのタイミング。「つい、魔がさした」という意味不明な言い訳は、冷静に考えてみると理性を失ったということなんですね。

これがすべてではないですが、こういう傾向が強いということは事実です。

女性は寂しさ、男性は欲望。得体の知れない衝動に駆られて、何かに突っ走りそうになったとき、今の自分を客観的に見て、ちょっと意識するだけで、だいぶ理性を保つことができたりします。

悪魔のささやきに、負けない力を養いましょう。

33

嫉妬深い男は、自分の女の周りにいる男が信じられない。

嫉妬深い女は、自分の男が信じられない。

信じることに根拠はいらない。ただ疑わない強さが、信じるということ。

「彼氏がキャバクラに行きます。仕事の付き合いだというけど許せません」という相談をよくいただきます。自分の男がキャバクラに行くことを過剰に嫌う人というのは、キャバ嬢さんに不安を抱いているわけではなく、自分の男に不安を抱いているんです。なので、キャバクラに行かなければ自分の男を信用するのかといったら、そうでもなく、キャバクラに行かなきゃ行かないで今度は別件で疑ってしまうものなんです。

信じることは愛情であり、信じさせてほしいと願うことは欲求です。信じるに値する根拠を相手に求めてしまうことが、「信じさせてほしい」という欲求になるわけですが、根拠がなければ信じることもできない程度の愛情だと疑いが生じてしまいます。信じることに根拠はいりません。ただ疑わない強さというのが、信じるということなんです。

自分の惚れた男を信じないで、いったい何を信じるというのでしょう。

34

決して悟らせないのが、**男**。

決して追及しないのが、**女**。

（18歳以上推奨）

風俗に行く男。

「風俗に行く男って、どうなんですか⁉」という相談を、結構多くいただきます。

この場合の風俗とは、要は身体の関係についての話になりますね。知らない女性と裸で過ごすなんて、浮気かと言えば何か違うし、じゃあ容認できるのかと言えばそれもまた違うし……わりとややこしい問題です。

浮気とは言えないけど、浮気より汚らしく思えてしまう！　そんな感じでしょうか。でも、まぁ健康な成人男子ですからねぇ、仕方ないと言えば仕方ない気もしますねぇ。

こういうのはですね、それがバレる男も悪いし、それを追及する女も悪いです。悟らせない、追及しない、という暗黙の了解で成り立つべきものでしょう。

ちなみに、男性は風俗でするようなことは、惚れた女には要求できないものらしいですよ。

35

男は、忘れたくない生き物。

女は、忘れたい生き物。

別れた男は、たいてい優しい。

別れた女は永遠に友達以上の存在になるのが男で、別れた男は永遠に友達以下の存在になるのが女です。男は別れた女の悪口は言いませんが、女は別れた男の悪口すら言いません。

女性は感受性の生き物で、失恋のときの痛みは男性の数倍といわれています。なので、「これ以上のストレスは危険!」という自己防衛本能のシグナルが脳から発信され、急速に無関心になっていくようです。

一方、男性は経験を糧《かて》に自信を養う生き物ですから、忘れてしまうことを恐《おそ》れては思い出し、その経験を美化して男としての自信をつけていく心理が働くんだとか。だから男は経験人数の多さを誇らしく感じたりするそうです。

元カレに優しくされて、甘えたくなるときがあるかもしれません。でもそれは別れた後の距離感が優しくさせているだけであって、復縁してもその優しさがあるとは言い切れません。少しキツイ言い方をすれば、「別れなきゃ優しくなれない程度の男」ってことですね。

36

男にとって別れた女は
いつまでも友達以上の存在であり、
女にとって別れた男は
いつまでも友達以下の存在である。

男女間の友情は、男女間の恋愛関係の中にある。

以前、男女の友情についての相談をいただいたとき、本当の男女間の友情は、こわれた男女間の恋愛感情から生まれると答えたことがあるんです。でも、男と女で「別れた相手の存在」って違う傾向があるんです。なので、別れた後に男女間の友情は成立しにくいものなのかなぁと思ったりもしています。

そもそも友情というのは自分と同質なものに惹かれるもの。お互いに異なる性別である限り、恋愛感情に発展してしまう可能性は絶えずあるのかもしれません。

では男女間の友情は成立しないのかというと、それも何か釈然としない。男と女という違う性別を持ちながら親友のような関係に成りうる人……それは自分のパートナーなんですよね。もしこの人が同性ならきっと良い親友になれるだろうという人が自分のパートナー。男女間の友情は、男女間の恋愛関係の中にあったんですね。これが正解かはまだわかりませんが……。

column 1

はじめての「浮気学」

男性が浮気した場合と女性が浮気した場合、世間的な視点で見ると女性のマイナスイメージの方が大きいんですよね。

テレビなどを観ていても男性のお笑いタレントさんが浮気をした過去の暴露話なんかは笑いの種になるものなのですが、同じことを女性のタレントさんが暴露したとしたらきっとドン引きしかしないでしょう。

これは男性の価値と女性の価値のあり方が根本的に違うからなんですね。

男性としての価値というものは、そのパーソナリティよりも「何ができるのか」というところにあるんです。

どんなにイケメンで心優しいパーソナリティを持っていても仕事ができないような男性の価値は低いんです。

逆に言えば、多少見た目は劣っていても仕事っぷりが

いい方が男性としての価値は高いんですよね。

だから浮気をしてそのパーソナリティが傷ついても、その仕事は傷つかないわけでして、受けるダメージというのは女性よりも少ないものなんです。

しかし女性の場合は、「何ができるのか」というところより、その人のパーソナリティに女性としての価値があるものでして、可愛くて心優しいけど仕事がどんくさい女性と、見た目は〝中の下〟で男勝りな性格だけど仕事はバリバリこなす女性とでは、前者の方が女性としての価値を認めてもらえるんです。

だから浮気をしたりすると、その女性としての価値であるパーソナリティが傷ついてしまい、男性よりもその過失が大きいように思われてしまうものなんですね。

第2章

ちょっとそこに

座りなさい。

～DJあおいの説教部屋～

ブログを通して毎日約100通送られてくる
相談メールから、〝あるある相談〟を選んで
真剣にお答えします。

37

男ができないのは、
あなたが「ブス」だからです！

男子観察録

ヤマザキマリ

地球上、もっとも珍妙で愉快な生き物、それは男。

男の中の男ってどんな男？　責任感、包容力、甲斐性……なんて太古から男の役割じゃございません！　ハドリアヌス帝、プリニウス、ゲバラにノッポさん。古今東西の男を見れば「男らしさ」が見えてくる？　新男性論。

580円

やめてみた。

本当に必要なものが見えてくる、暮らし方・考え方

わたなべぽん

炊飯器、ゴミ箱、そうじ機から、ばっちりメイク、もやもやする人間関係まで。「やめてみる」生活を始めた後に訪れた変化とは？　心の中まですっきりしていく実験的エッ

460円

40歳を過ぎたら生きるのがラクになった

アルテイシアの熟女入門

オリジナル

アルテイシア

加齢最高！　ゆるくて楽しいJJ（熟女）ライフを綴った爆笑エンパワメントエッセイ集。

600円

ていうか、男は「好きだよ」と嘘をつき、女は「嫌い」と嘘をつくんです。

DJあおい

男と女は違う生き物。だから、惹かれ合う。人気ブロガーによる、男と女の違いを中心にしたピリ辛恋愛格言71。

540円

〝がん〟のち、晴れ

「キャンサーギフト」という生き方

伊勢みずほ　五十嵐紀子

アナウンサーと大学教員、同じ36歳で乳がんに罹患した2人。そんな彼女たちが綴る、検診、告知、治療の選択、闘病、保険、お金、そして本当の幸せについて。

540円

一〇三歳、ひとりで生きる作法

老いたら老いたで、まんざらでもない

こころの文庫

篠田桃紅

百歳を超えた、孤高の美術家。老境に入ってもなお、強

500円

キャラノベ

鳥居の向こうは、知らない世界でした。3
～後宮の妖精と真夏の恋の夢～

友麻 碧　書き下ろし

異界「千国」で暮らす千歳は、第三王子・透李に恋をしていた。しかしある日王宮から呼ばれ、透李に嫁ぐ西国の王女の世話係に任命されてしまう——。

580円

ヘタレな僕はNOと言えない
公僕と暴君

筏田かつら　書き下ろし

25歳・公務員・女性経験ゼロ。仕事と恋の相手は超美人だけど超暴君!?

580円

眠りの森クリニックへようこそ
～「おやすみ」と「おはよう」の間～

田丸久深　書き下ろし

処方箋は、はちみつ入りのホットミルク。眠れぬ人たちを癒す、おまじないの物語。

650円

坊さんのくるぶし
鎌倉三光寺の諸行無常な日常

成田名璃子　書き下ろし

瞑想？　迷走？　ワケアリ修行僧たちの煩悩デイズ！

650円

時代小説文庫

居酒屋お夏　九　男の料理

岡本さとる　書き下ろし

男は黙って人助け。

お夏を支える料理人の清次が哀しき母子との交流を深めていた。わけあって旅に出た亭主の過去に一体何が？　事情を知った清次の渋すぎる活躍に感涙！

600円

ぬりかべ同心判じ控

倉阪鬼一郎　書き下ろし

顔よし体よし頭よし。解けない謎を解く、三拍子揃ったいい男。

650円

リハーサル

五十嵐貴久

ターゲットは病院の副院長。シリーズ史上、最も酸鼻な幕切れ。

花山病院の副院長・大矢は、簡単なオペでのミスを新任の看護婦・リカに指摘され、〝隠蔽〟してしまう。それ以来、リカの異様な付き纏いに悩まされ、看護婦長の転落をはじめ、病院内では様々な惨事が続発し……。

オリジナル

2月21日発売予定

消滅（上・下）
VANISHING POINT

恩田陸

『蜜蜂と遠雷』恩田陸の、最も、らしい作品。もう一つの代表作！

超大型台風接近中、大規模な通信障害が発生した日本。国際空港の入管で足止め隔離された11人の中にテロ首謀者がいると判明。テロ集団の予告通り日付が変わる瞬間、日本は「消滅」するのか!?

上・650円

下・600円

下北沢について

吉本ばなな

みんな誰かの、たった一人のヒーロー。

自由に夢を見られる雰囲気が残った街、下北沢に惹かれ家族で越してきた。本屋と小冊子を作り、玩具屋で息子のフィギュアを真剣に選び、カレー屋で元気を補充。寂しい心に効く19の癒しの随筆。

500円

赤い口紅があればいい

いつでもいちばん美人に見えるテクニック

野宮真貴

この世の女性は、みんな〝美人〟と〝美人予備軍〟。要は美人に見えればいい。赤い口紅は洗練とエレガンスが簡単に手に入る便利なアイテム。おしゃれカリスマによる、効率的に美人になって人生を楽しむ法。

500円

表示の価格はすべて本体価格です。

幻冬舎　〒151-0051 東京都渋谷区千駄ヶ谷4-9-7 Tel.03-5411-6222 Fax.03-5411-6233
幻冬舎ホームページアドレス　http://www.gentosha.co.jp/

＼ あるある相談 ／

彼氏がずっとできない。

美人にはなれなくても、「ブス」はやめることができます。

おっとっと、安心してください。「ブス」というのは顔ではありません。ここで幾《いく》つかブスの種類をご紹介します。

・でも、だって、どうせ、が口癖な「3Dブス」
・ろくに挨拶《あいさつ》もできない「コミュニケーションブス」
・明るい性格と下品を履き違えた「品性崩壊ブス」
・陰口悪口を垂れ流す「陰険ブス」
・人の幸せを祝福できない「嫉妬ブス」
・意味なくオラついてる「オラオラブス」
・何をやるにもめんどくさがる「堕落ブス」
・いい男がいないとぼやく「何様ブス」
・誰かを好きになることと自信喪失することがワンセットな「卑屈ブス」
・寂しいとすぐ次の恋愛をしようとする「公衆便所ブス」

ブスでなければそこそこ幸せです。ブスは今すぐやめましょう。

38

品性は、女性の美しさ。
ブスな女ほど、
バカな男にモテる。

＼ あるある相談 ／

ムダにモテて困る。

「モテ」だけを目指してる女は、やがてバカになる。

ワンナイト目的の男は何を女に求めているか。目的の行為の最中、男も女もバカになっています。つまりワンナイト目的の男はよりバカっぽい女を求めてさまよっています。ノリがいい女ではなくノリがバカな女です。そこを履き違えて「ムダにモテて困る」なんて思っていたら、近い将来痛い目を見るだけ。

ではノリがいい女とノリがバカな女の違いは何かというと、それは品性の有無です。品性は虫除けのようなもの。女性としての美しさを有していれば、害虫は勝手に劣等感に苛《さいな》まれて退散してくれます。

そして品性とは、コミュニケーションにおける距離感。決して近よりすぎず、決して離れすぎずその距離感を守るためのコミュニケーションです。バカみたいに距離感ゼロまで踏み込むような真似《まね》はしません。品性は女性にとっての美しさ。品性がないということはバカでありブスでもあります。

39

「いろんな女を
知っている男性は魅力的」。
それは、大きな大きな勘違い。

＼あるある相談／

女性経験が豊富な男にどうしても惹かれてしまう。

いろんな女の身体ではなく、心に触れてきたかどうか、なんです。

「いろんな女を知っている男性は魅力的」という言葉、否定しませんが、それが浮気で知った女だと話が違います。自分の欲望としか向き合っていないのが、浮気。相手の女性のことなんか知ったこっちゃないんです。相手のことを知れば知るほど浮気なんてできなくなるのが人というものですよね。

つまり、浮気は女性を「知る」ための経験にはカウントされないものなんです。相手の立場を思いやり浮気をしない男性の方が、女性というものをよく知っているということです。「いろんな女を知っている男性は魅力的」というのは決して浮気性の男に向けた言葉ではないということです。

女性が男性に惚れるポイントは、相手を思いやることのできる理性だと思います。ひとりの女を愛し続けることのできる思いやりを持った男性ほど、たくさんの女性の心に理性で触れているわけですから魅力的なんですよ。お間違いなく！

40

「カワイイ」と
嘘をつく男はいても、
「キレイ」と
嘘をつける男はなかなかいない。

＼ あるある相談 ／

彼に私の好きなところを聞いても「カワイイ」としか答えない。

▼

あなたへの誉め言葉で、彼が敬意を持ってくれているかがわかります。

「カワイイ」という誉《ほ》め言葉は汎用性が高く、どんな女性でも当てはまってしまいます。女性の可愛らしいところとは、主に若さ、言い換えれば「未成熟なところ」ですから、手放しで喜べる言葉ではないですね。それに対して、「キレイ」という言葉は、心から思わないと誰にでも言える言葉ではありません。

女性の美しさというものは見た目だけではなく経験から培うもの。つまり「カワイイ」とは対極にある「成熟したところ」なんです。可愛らしさは誰でも持っているものですが、美しさというものは積み重ねた経験からしか得ることができません。なので、「キレイだね」という誉め言葉には「カワイイね」にはない「敬意」が含まれているものなんです。

お互いが敬意を持ってはじめて恋愛において対等な立場になれます。恋愛に最も大事なもののひとつはこの「敬意」。なので、「キレイだね」と言ってくれる男性を探すといいですよ。

41

恋愛の基本は、
片想いがふたつあること。

＼ あるある相談 ／

彼にも私と同じくらい私のことを好きになってほしい。

彼と私は「両想い」という思い込みは、危険です。

「大好きな彼と両想いになって付き合えた！」。それはうれしいことです。でも、「両想い」というのは心のどこかで、愛した分だけ愛されたいと思っているフシがあります。自分と同じ大きさの気持ちでいてほしいという期待が交じっているんです。

逆に言えば、リターンが少なければ一気に不安になってしまう危険性も秘めてる思い込みなんですよ。愛情というのは取り引きの道具ではなく捧げるものですからね。両想いだという思い込みは少し危険なんです。

それに、想いというのはイーブンではなく、だいたいいつも一方の気持ちが大きく、もう一方の気持ちが小さい。いつも一方がもう一方に、片想いしているものなんですよ。両想いという幻想に溺《おぼ》れて、片想いの気持ちを忘れてしまったとき、その関係は脆く崩れていくものです。片想いのときの気持ちを忘れずに。

42

「だから好き」より、「だけど好き」が、長く愛せる秘訣《ひけつ》。

＼あるある相談／

彼のどこが好きなのか、イマイチわからない。

ズバリという好きな理由がないから、ずっとずっと愛せるわけです。

恋をすると、見た目が好きだからというたったひとつの理由で、性格や相性など、他のすべてを許せたりします。ですから、見た目が変わればすべてが許せなくなってしまうわけです。好きな理由が存在するということは、嫌いになる理由も存在するということ。理由が存在した時点でその恋愛はもうおしまいなんですよ。

人を好きになるということは、「見た目が好みだから好き」ではなく、「見た目はイマイチだけど好き」ということなんです。「だから好き」より「だけど好き」。つまり、理由なんてないからずっと愛せるんです。その人が鼻毛をピョロンと出していたとしても「だけど好き」なんです。その人が将来ハゲ散らかしたとしても「だけど好き」なんです。その人が年老いて要介護になったとしても、ずっとずっと「だけど好き」なんです。

好きな理由なんて存在しないから、彼を生涯愛することができるんですよ。

43

くだらないことでケンカして、
大事なことは話し合うことが、
長続きの秘訣。

＼あるある相談／

彼とのケンカが絶えない。

ケンカで片付けられることと、解決できないこと。それを上手に仕分けできない関係は続きません。

相手を尊重する思いやりがあるのなら、そもそもケンカになんてなりません。思いやりが枯渇したときにケンカになるのであって、ケンカに思いやりを求めること自体がナンセンス。

とはいえ長く付き合っていればケンカはあるでしょう。ですが、うまくいく付き合いというのは、くだらないことでケンカをして、大事なことは話し合う、という不文律を持っているもの。例えば、テレビのチャンネル争いとか足がくさいとか冷蔵庫に隠していたプリンを食べられたとか……そういうくだらないことでするケンカは、相手を叩《たた》きのめすためのアルティメット的なものではなくプロレス的なケンカ。ケンカの中でお互いが着地点を探っているような感じですね。勝敗なんてこだわっていないので、ケンカといえども楽しい。そういうケンカが信頼と愛情を築いていくこととなり、ケンカでは片付けられない大事なことは、ちゃんと話し合える関係になっていくんです。

44

彼の運転は、
将来のあなたに対する態度。

＼あるある相談／

彼の本性がわからない。

車の運転と、男の本性。

よく「ハンドルを握ると性格が変わる」と言いますが、というより「本性が出てしまう」だけなんです。普段は穏やかでも車の運転をすると乱暴になってしまう人は、乱暴な人格の人。逆に普段はイケイケでも車の運転をするとおとなしくなる人は、臆病でおとなしい人格の人が多いです。

同棲《どうせい》するとわかりますが、車の運転時の性格と家でのその人の性格は見事に一致します。例えば、気に入らない車がいるとハンドルを叩く人は、恋人とケンカをしてもよく物に当たります。やたらとスピードを出す人は協調性がなくせっかち。恋人にも自分の都合だけで「早くしろ早くしろ」と言ったりします。

視野の広さ、判断能力の高さ、周りに不快感を与えない配慮、自制心の有無、他者との協調性……。車の運転で人間関係を形成するために大事なものをどの程度持っているのかがだいたいわかります。

45

男に信頼を求める前に、
信頼に値する女になれよ。

＼あるある相談／

彼のケータイを盗み見てしまう。

誠実でい続けられる男は、人のケータイを勝手に見る女とは一緒にいません。

男が彼女がいるのにもかかわらず、SNSで他の女を誘ったりイチャコラぶっこいたりするのは、浮気かどうかはわかりませんが、それは別れるに値する気色悪さだと思います。そしてそれは、男のケータイをこっそりと盗み見る女の気色悪さに匹敵するものですね。

つまり、黙って彼のケータイを見て浮気の痕跡を見つけても、それは因果応報だということ。気色悪い自分の行為が返ってきただけです。男のケータイを盗み見るような女に、いい男は寄ってこねえってことです。彼を問い詰めたとしても、勝手にケータイを見たことに逆ギレされ信用がなくなるだけ。

信じることのできない女に、誠実でい続けることができる男なんていないですよね。男に信頼を求める前に、あなたが信頼に値する女になりましょう。それができなきゃ、怪しい行動に文句を言う資格もねえんだぜ。

46

育む愛情ではなく、
消耗する独占欲から
生じるのが、嫉妬心。

＼ あるある相談 ／

彼の元カノの存在が気になって仕方ない。

嫉妬がなくなったら何も残らないのが、男の過去に嫉妬する女。

彼の元カノに異常に嫉妬心を燃やす人というのは、妙に飽きっぽい一面もあります。嫉妬しなくなった頃には、もう恋愛感情はなくなってしまっているケースが多いんですよね。その人に飽きてしまったというよりも、「嫉妬する自分に飽きてしまった」ように見えるんです。人が変わったように非情になって男をポイ捨てするんですからある意味、鬼ですよね。飽きたらまた嫉妬心を燃やせる新たな男を探してポイ、そしてまた新たな男を探してポイ……。結局は、そこら辺の男を食い散らかしているだけの有害な存在でしかないんです。その自覚もなく「可哀想《かわいそう》なアテクシ」を演じているので、なおさらタチが悪い。

嫉妬心は愛情ではなく独占欲から生じるもの。恋愛ですから、少なからず独占欲はあるものなのですが、独占欲に傾いてしまえば恋愛はただの消耗品になってしまいます。愛情に傾けてこそ、恋愛は消耗するものではなく育むものになるんです。

47

本気で好きだったら、
彼を「信用できるか」なんて、
考えないはず。

＼ あるある相談 ／

彼のことを信用できない。

相手を「信用できない」ことより、「信用されない」ことで問題が起きる。

実は、読者さんからの相談で、「彼は信用できる人なのか、どうすれば信じられるのか」というのが最も多いんです。ですが、本当に好きになった人を相手に「信用できるかできないか」なんてジャッジはしないのが通常の恋愛だと思うんです。

ただ疑う理由がないだけ――。信じる理由なんてその程度のものなんです。愛情という原動力は、その人を信じるために使うものではないはず。お互いが「信じたい」ではなく「信じてほしい」と願うのが恋愛だと思うんです。愛情は自制心となり、お互いが信じるに値する人に成長していくわけです。

「信じたい」という願いは、若干上から目線なんですよね。自分のことを棚にあげて、恋人にばかり要求するわけですからね。信用できないことより信用されないことの方が辛いもの。別れの理由は「信用できないから」よりも「信用してくれないから」ということの方が多いんですよ。

48

裏切らないでほしいと
束縛する前に、
裏切りたくないと
思われる女に
なってごらんなさいよ。

＼あるある相談／

彼の浮気が心配で束縛してしまう。

恋愛における放任と束縛について。

恋愛というのは少なからず束縛があるものです。ただ少し違うのは、束縛を相手に課しているのか、それとも自らに課しているのか、ということなんですよ。

前者は、自分のために相手にこうあってほしいという欲望を押し付けることなんです。これは、裏切らないでほしいという欲求で、世間一般でいうところの束縛にあたります。一方、後者の方は、相手のために自分はこうありたいという愛情で、自分に自制心を課すわけで、これは裏切りたくないという愛情なんです。

要するに、自分の欲求で相手を縛りつけるか、自分の愛情で自制するか。それだけの違いなんですよ。もちろん後者の方が、相手がいい意味での自由な放任を感じます。

相手に裏切らないでほしいという欲求を押し付ける前に、裏切りたくないと思われるような女になりましょう。

49

すべてを知ってしまったら、
すべてが終わってしまうのが恋愛。

＼ あるある相談 ／

彼を「好き」な気持ちが、愛情ではない気がする。

▼

「LIKE」と「LOVE」の違いについて、整理してみましょう。

自分と同質な部分に惹かれるのが「LIKE」（友情）であり、異質な部分に惹かれるのが「LOVE」（恋愛感情）なんです。

友情というのは考え方や価値観に同調することで芽生える感情なので、それは刺激より安心感の強いものかもしれません。

一方恋愛感情というのは、相手の知らないところや理解の及ばないところに興味を惹かれるもの。知りたいという興味が、恋愛特有のドキドキ感や不安というネガティブな感情になるんです。恋愛初期ほど相手の知らないところが多いわけですから、その感情は大きい。これがある程度お付き合いを続けると、知ったつもりになってしまい、薄れてきてしまうんですね。

だからこそ恋愛は、お互いの知らないところというものが重要であり、それを追求するのではなく、信頼することがとてもとても大切なことになるんです。知らないところがあるから、いつまでもいつまでも好きでいられるってわけですね。

50

恋愛に大事なのは、
鮮度ではなく成熟度。

\ あるある相談 /

彼といてもドキドキしない。

ドキドキしたいだけの恋愛は、入口も出口も一緒のジェットコースター。

「彼とのマンネリを解消するには、どうしたらいいですか?」という相談をよくいただきます。元々恋愛に何を求めているのかというところに尽きると思うのですが、恋愛にドキドキ感を求めている以上、倦怠期は越えられないものなんですよね。

恋愛初期の高揚感というものは、感情の振り幅が大きいほど高まるものでして、不安要素が大きいほどその高揚感が高まります。だからドキドキ感を求めている人は、悪い男に惚れてしまったりする。不安がなければ恋愛ができないタイプですね。

恋愛に安心を求めている人はちゃんと目的地があります。その目的地を共有してふたりで安心を築いていきます。そういう人たちにとっての倦怠期は安定期になります。

倦怠期となる場所に「安心」を築いていく共同作業。その原動力となるのが恋愛感情です。自分たちで築いたものほど大事なものはありません。そこは自分たちの居場所になるわけです。

51

浮気の心配をするのが恋、
命の心配をするのが愛。

＼ あるある相談 ／

「愛している」が、どんな気持ちかいまだにわからない。

恋なのか愛なのかを知る、簡単な判別方法。

パートナーが連絡の一本もよこさずに帰りが遅いとき、「浮気の心配をするのが恋」で、「命の心配をするのが愛」なのだそうです。

まず浮気の心配をしてしまうということはですね、自分が傷つくことを心配してしまっているということなんですよ。これは自己愛からくる感情なので、こういう傾向がある人は嫉妬も人一倍なんです。俗にいう〝恋に恋しちゃうタイプ〟ということなんですね。

一方で命の心配をしてしまう人はですね、愛するということは信じることではなく疑わないことですから、浮気の心配なんて最初から眼中にないわけです。ただただ無事でいてくれたらいいと、相手が傷つくことを心配してしまうわけです。

これがすべてではないですけど、ひとつの目安にはなると思いますよ。

52

本当に好きになった人ほど、
自分の好みとは
かけ離れているもの。

＼ あるある相談 ／

彼が太ったので、愛が冷めた。やっぱり「見た目」が大事だ。

▼

本当に好きになってしまえば、自分の好みなんて二の次三の次。

「彼が太ってしまって、見た目が受け付けません。それを別れる原因にするのは薄情でしょうか」という相談をいただきました。

彼のヴィジュアルが変わってしまったからもう愛せないと言うのなら、それは最初から恋愛なんてしていなかったのでしょう。例えば、彼が太ってしまったのではなく、痩せてしまったとします。見る影もなく痩せ細ってしまった彼を、あなたは「好みではない」という理由で棄てることができますか？

「愛情」とは、その人の何を愛しているのかと言ったら、その人の命そのものを愛しているんですよね。だから年老いて見た目が変わってしまっても生涯愛することができるんです。

結婚というものは「お互いの命に寄り添い合うもの」。だから、彼が太ってしまったとしたら、まずは健康を気遣うのが愛情。「その人の命を守りたい」という感情を原動力に動くことが「愛している」ということですから。

53

恐怖心を抱いている
恋愛や結婚は、
うまくいきやすい。

＼あるある相談／

彼との結婚が怖い。

結婚に何の恐怖心もなく「結婚ウェーイwww」と思っているのなら、やめた方がいいでしょう。

結婚を決めるにあたって、最も大事なのは結婚に対する恐怖心の有無です。この恐怖心がない結婚願望というものは、盲目な恋愛にありがちな、他に愛情表現を知らないいだけの衝動的な結婚願望。目を閉じてダッシュで現実に走り出すようなものですから、まぁうまくはいかないことが多いです。

ある程度の経験を重ねると、結婚はおろか恋愛さえも恐怖心がつきまとうようになります。この恐怖心の正体は「幸せに対する責任」です。自分はこの人と幸せを築くことができるのだろうか、自分にそんな実力があるのだろうか……自問自答を繰り返して大きく悩むことがあります。それはあって然《しか》るべきもの。何故《なぜ》ならば他力本願な幸せを願うわけではなく、ちゃんと自力で「幸せになろう」としているから恐怖を感じ、それに悩むからなんです。恐怖心があるから覚悟が生まれ、この先の幸せにちゃんと責任を持って動くことができるわけですね。

54

彼氏の過ちを
「許す手段」を持っていない
女ほど、別れることができずに、
いつまでも傷つく。

＼あるある相談／

彼に浮気されたけど、どうしたらいいかわからない。

▼

肝心なのは自分の答えに、自信を持つことなんです。

彼氏に浮気されたり裏切られたとき、あなたならどうしますか？　おそらく許すか別れるかのどちらかでしょう。ふたりの関係を終わらせたくない場合、過ちを許さないと先へ進めないものです。大事なのは「許す手段」になるわけですが、何も無条件に許すわけではなく、話し合う、一発ひっぱたく、エルメスのバッグを買ってもらう、耳を捻りあげて浮気相手の女のところへ連れて行って屈辱を与える……など、許せる手段があるならそうすればいい。そして、別れなきゃ許せないようなら別れりゃいいんですよ。

許すことができる手段を持っていない人ほど、別れることも選択できずに許せない気持ちのまま関係を続けてしまいます。その結果、許せないという自分の気持ちに傷つき、長く長く現状にもがき続けるんですよね。肝心なのは自分でその答えを持っていること、その答えに自信を持つことなんです。

55

男の嘘が許せないのなら、
二番目の女になったらいい。
一番の女でいたいなら、
それなりの覚悟が必要。

＼ あるある相談 ／

彼の過ちを許せない。

▼

一番目の女は、過ちを許せる愛情を持っている。

男は、二番目の女には嘘も本当もすべてさらけ出せるそうです。まぁある程度お付き合いが長くなると、過ちのひとつやふたつは必ず出てくるものですよね。それはお互いに未完成な人間である限り必然なんです。完璧な人なんていないからこそ、それを許せる愛情が必要不可欠なものになるんです。

嘘も過ちもない関係はこれから築いていくものであって、それはその愛情の積み重ねで得られるもの。たった一度の過ちも許せない程度の思いなら、一番の女は務まりません。実際二番目の女は楽です。初めから過ちが前提になっているお付き合いなので、もう嘘をつく必要もつかれる必要もないってことです。

二番目の女が本気になってしまったとき、今度は自らの愛情で辛い思いをすることになってしまうんですけどね。人と長くお付き合いをするということは、過ちを許せる愛情が必要ってこと。愛情というのは無限にあるわけではありませんけどね。

56

「浮気は男の本能だ」と言う男は、
何も考えずに
浮気をしているイタイ男。

＼あるある相談／

彼が浮気しても、「男は浮気するもの」と耐えている。

本能ではなく、理性がないから浮気するんです。

「浮気をしない男はいない」というのは、嘘です。実際に浮気をしない男性は多数存在します。そういう男性は浮気をしないことをわざわざ大声で自慢することはありません。ただ浮気を繰り返すゲス男の浮気自慢の声が大きいだけ。それが「浮気をしない男はいない」という通説に繋《つな》がっただけです。

「浮気は男の本能だ」というイタイ言い訳も少しズレていまして、正しくは「浮気をする男は本能で浮気をしている」というだけ。要するに何も考えずに浮気しているということなんですよ。

相手のことを考えたら決して浮気の被害者になんてできないのが人情というもの。その人のことを知れば知るほど浮気なんてできなくなるのが人というものなんです。本能で浮気しているというよりも理性がないから浮気をすると言った方が正解なのかもしれませんね。ちなみに私は、誰かが傷ついたら、それはもう浮気だと思っています。

57

すべての別れは、
話し合いが
成立しないことによって起こる。

＼ あるある相談 ／

彼と話し合おうとしても、向き合ってくれない。

▼

愛するということは、「愛し合う」ことを話し合い続けること。

恋愛において「話し合い」というのは最も大事な習慣になるものでして、それ自体が愛し合うことになると言っても過言ではありません。話し合いを成立させるためには、お互いの人間としての成熟度が必要になります。

話し合いができない人の特徴をまとめてみました。

- 「価値観が違う」という思考停止ワードを持ち出す人
- 分が悪くなると「全部私が悪いんだね……」とめんどくさいグレ方をする人
- トラブルの度に「少し距離をおこう」というやんわりとした話し合いの拒否をする人
- 無視をするくせに無視をしている自分に気づいてくれないとドアを閉める音などで無視しているアピールをしてくる人
- 「そんなこといちいち言わなくてもわかるだろ！」と、言わなくてもわかってほしがる、究極の甘ったれな人

58

不倫の末期は、
愛ではなく「見返り」が欲しいだけ。

＼ あるある相談 ／

長い間、不倫している。

不倫の末期は、
見返りの回収になりやすい。

最近、職場不倫の相談をいただくことが非常に多いです。まず、仕事が大事だと思っている人ならば、恋愛沙汰《ざた》は決して職場に持ち込みません。不倫なんてもってのほかです。恋愛と混同した仕事なんて仕事じゃありませんからね。不倫をした時点で仕事を棄てていると言えるでしょう。

不倫は末期になってくると、恋愛感情ではなくただの被害者意識で付き合いを続けるようになってしまいます。その期間が長い年月であるほど被害者意識が強くなってしまうものでして、要するに「こんなに長い年月を捧げたのだからそれなりの幸せを提供してほしい」という見返りを要求するようになってしまうんですね。慰謝料をお金ではなく幸せで払えと言っているようなものです。

それはもう恋愛ではなく見返りの回収ですから、恋愛自体はもうとっくの昔に終わっていたりするものなんですよ。

59

愛することが強さなら、
「斬《き》るべきときは斬る」のも強さ。

＼ あるある相談 ／

別れた彼と連絡をとってはいけませんか？

「愛情」と「非情」は、表裏一体。

黙って見守ることができる愛情を持っている人は、ある日突然、黙って見捨てることもできる非情なところも持っている人なんです。好きの反対は無関心、愛情と非情は表裏一体なんですね。

逆にですね、黙って見守る愛情を持ち合わせていない人は、黙って見捨てることもできず、ズルズルと執着をしてしまう傾向があるんです。こうなると、お互いがお互いに依存してしまい、中途半端に身体の関係だけが続いたりと、お互いをダメにする関係になってしまうんです。

「非情」というと冷酷なイメージがありますが、長い目で見たら、見捨てることがお互いのための最良な選択になったりすることもあるんですよ。

本気で愛した相手だからこそ、新たな道に進めるようにきっぱり関係を終わらす人もいるってことです。

60

女が言う「忘れられない」は、
ほとんどの場合
「忘れたくない」の勘違い。

＼あるある相談／

元カレのことが忘れられない。

時間だけが、あなたの傷を癒してくれるわけではありません。

ただ流れているだけの時間が、自分にしてくれることは失恋を過去にすることだけ。いつまでも過去にしがみついて時間の流れに逆らっているうちは何も変わりません。時間が解決してくれるわけではありません。時間に寄り添って生きていく自分が解決することなんです。女性が言う「忘れられない」は、だいたい「忘れたくない」の勘違いで、忘れないように働きかけている犯人は自分自身なんです。そんな自分を認めたくなくて「忘れられない」と忘れたいフリをしているだけなんです。

まずは「忘れたくない」という自分の素直な気持ちを認めてあげましょう。その情けない自分とじっくりと向き合うこと、妄想で美化した失恋美人な自分ではなく、女々しくて情けねえ現実の失恋ブスな自分とじっくりと向き合うこと。そのブスな自分と目が合ったときが、失恋から目覚めるときです。妄想に閉じこもっていないで、現実という時間に身を投じるだけのことです。

column 2

男と女の「妄想」の違い

男性は恋愛に対してわりと現実的な考えを持っているものでして、その対象になる女性像というのは、親しみやすい身近にいるような女性なんですよね。

代表的な女性像をあげれば、可愛らしい幼なじみだったり可愛らしい転校生だったり可愛らしい同僚だったり、あくまでも日常の中にいるような女性を妄想して待ち望んでいるわけです。

男性が大好きな、大人のＤＶＤなんか見れば一目瞭然ですよね。

その設定は、隣に引っ越してきた女子大生だとか友達の彼女を寝取るだとか、あくまでも日常を舞台にしているものが多いんです。

しかし女性というのは業《ごう》が深いものでして、妄想の対象になるのは非日常のような男性が多いんですよね。

どこかの大企業のイケメン御曹司に壁ドンされたいだとか、国民的スーパーアイドルのあの人と恋の逃避行をしたいだとか、悪いイケメン魔法使いにたぶらかされてあんなことやこんなことを（自主規制）されてみたいだとか……。

もう突拍子もない非日常が妄想の舞台だったりするわけです。

そりゃあ現実の世界で恋愛しても物足りないだろうなぁと思うほど、恋愛に対する女性の業は深いのです。

だから女性は「白馬の王子様」という非現実的な願望があったりするわけですね。

まぁ、妄想は自由ですからべつにいいんですけどね。

第3章

いい男、

いい女。

いい男を見つけるのも、いい女になるのも
すべてはあなた次第です。
今日から役立つアドバイスです。

61

「また寝たい」と
思われる女より、
「また食事したい」と
思われる女が、いい女。

身体の相性より大事!?
地味に大事な、食事の相性。

身体の相性問題については、あらゆる席で語られるテーマなので、十分にご存知かもしれませんが、食事の相性というのも、地味に大事なものなんです。この相性が合うからといって、必ずうまくいくわけではないですが、これが合わないとなかなか難しい付き合いになってしまうんですよね。

食事というのは理屈云々《うんぬん》ではなく、生理的な好き嫌いに直結してしまうものでして、例えば食べ方に不快感を覚えてしまうと、その人がどんなにいい人でも「生理的に無理」という拒絶反応をしてしまったりするものなんですよ。

あと食事中というのは、性欲が鳴りを潜めるものですから、スケベ心のない会話ができる貴重な時間でもあります。食事中に、その人が好きだと思えるのなら、それは本気の気持ちかもしれませんね。好きな男性から食事に二度誘われたとしたら、大いに脈ありだと思いますよ。

62

赤の他人から
恋人になることはできても、
都合のいい女から
恋人になることはできません。

いい女と都合のいい女の違い。

男が都合のいい女にしてしまうのは、復縁を望む元カノが多いです。復縁を望むなとは言いませんが、そんなときはいい女になる方が先。

いい女と都合のいい女の違いについてまとめます。

・能があるのがいい女。NOと言えないのが都合のいい女。

・自分を諦めないのがいい女。相手を諦められないのが都合のいい女。

・抱かれた後に本気にさせるのがいい女。抱かれる前だけ本気にさせるのが都合のいい女。

・ひとりでも充実しているのがいい女。ひとりだと寂しくなるのが都合のいい女。

・惚れた男をいい男にするのがいい女。惚れた男のいい女になってしまうのが都合のいい女。

彼に気に入ってもらえる自分になるのではなく、自分が気に入る自分になりましょう。

63

いざというときに
愛してくれるのが、**いい男**。
それをわかっているのが、
いい女。

愛されていることがわかるのは、普段の言葉ではなく、いざというとき。

「普段は優しい彼ですが、大事なことを決めるときやケンカになると面倒くさがる」という相談をたまにいただきます。まぁたいていの人は普段は優しいです。その人の人間性が出るときというのは非常事態やトラブルのときですね。本当に優しい人というのは普段はテキトーな性格でも、いざというときには感情的にならずに理性的に話し合いをしてくれる人です。

べつに普段は優しくなくてもいいんです。好きだの愛してるだの、という言葉がなくても、それが「普段の幸せ」なんです。

しかし本当に「愛されているなぁ」と感じるのは普段ではなくトラブルがあったときなんです。ちゃんと話し合いに応じてくれて、ちゃんと聞く耳を持ち、お互いの意見を真剣に擦《す》り合わせて尊重し、対立するのではなくふたりで問題を解決するように働きかけてくれる。その姿勢こそが「私はあなたを愛していますよ」という宣言みたいなものなんです。

64

いい男に、恋人と毎日会えるような暇な男はいない。**いい女**に、恋人に毎日「会いたい」と言う暇な女はいない。

会いたいと思うときは、たいてい暇なときです。

学生時代は、恋愛に24時間を捧げることができるかもしれません。ですが、年齢と経験を重ねていくと共に、恋愛云々の前に生きていく環境を自分で築いていく必要が出てきます。

いい環境を築きあげるのは、いい恋愛にめぐり合うための責務。そのために、自分を磨き、精神的にも経済的にも自立して自分の幸せを管理しなければいけません。色ボケしている暇なんてない。何としてでも生きていかなきゃ、恋愛もへったくれもないわけです。

自分の力で築きあげたかけがえのない幸せの価値を知っているのは、同じように自立した人だけ。そうでなければお互いの幸せを尊重することも、その幸せを分け与えることもできません。ファンタジーの幸せではなく、現実的な幸せを共有できること、現実から逃げるための恋愛ではなく、現実を生きていくための恋愛ができること。それが幸せな恋愛の鉄則なんです。

65

惚れた女を
盲目にさせないように、
余裕を与えてあげる
愛し方ができるのが、**いい男**。

自分よりも優先させるものがあっていいのが、いい男なんです。

いい男とは、惚れた女を盲目にさせないように余裕というものを与えてあげる愛し方ができる男です。

女を盲目にさせてしまう男にいい男はいません。一緒にいなくても安心できるのがいい男、一緒にいないと不安にさせてしまうのはどうでもいい男です。

いい男というのは、自分よりも彼女の家族や友達、そして仕事を優先させてあげることができる愛し方をするものでして、自分はいつも彼女にとっての二番手になってあげることができるんですね。

そんな、彼女を一番に思うことができる男が、いい男というものなんですよ。

男に夢中になってしまう女は自分でその男の価値を落としているのだと心得た方がいいですね。

66

女であるために
男を必要としない、
完成された「自分」を
持っているのが、**いい女**。

いい女でいなければ、いい男は見抜けない。

長く付き合っていると馴れ合いになって、お互いを異性として意識しなくなることもありますよね。男と女として付き合うためには、最低限保つべき距離感があるのですが、その境界線を越えてしまうとお互いが男女である必要がなくなります。

特に女性は女であるためには手間暇が掛かる生き物。少しの油断が女であることを放棄してしまうきっかけになります。「この人と一緒にいると楽」という思いが女を棄てるきっかけとなり、この「女を棄てた瞬間」から、今度は「女として見られたい」という欲求が生じ、その欲求は必然的に外部に向けられます。ですから女性が選ぶ浮気相手は、「いい男」ではなく「いい女として扱ってくれる男」が非常に多いわけです。

浮気願望やモテたい願望が生じない純粋な気持ちでいるためには、「女は女であり続けなければならない」ということ。女であるために男を必要としないのが、いい女ってことですね。

67

恋人に「会いたい」と
言わせないのが、**いい男**。
「疲れている」と
言わせないのが、**いい女**。

恋愛の鉄則は、気持ちを先行投資すること。

恋人との関係で、例えば彼女が彼氏に「会いたい」というのは自分の欲求であり、仕事が忙しい彼が「疲れているから休みたい」というのは相手の欲求です。欲求には欲求で返してしまうのが人間というものなんです。その「会いたい」という欲求が重く感じてしまうものだったり、「疲れているから休みたい」という欲求が疎外感を覚えさせるものだったりするので、言い合いになって大切な人を傷つけてしまうのです。

欲求には欲求で返してしまうのが人間ですが、愛情には愛情で返すことができるのも、また人間です。だから女性は、男性に休息を提供してあげること、それを受け取った男性は女性に安心を提供してあげることが必要です。気持ちは、先行投資することが恋愛の鉄則なんですよ。

疲れているなら気持ちよく休ませてあげればいいんです。それに甘えるだけの男なら、それまでの男だったということです。

68

女が最も美しくなるのは
恋愛であり、
女が最も醜くなるのも恋愛。

その人を好きな自分が嫌いになったら、もうその恋愛は終わりにした方がいい。

「いい女のあいうえお」って知っていますか？

・「あ」愛することを恐れず
・「い」癒すことを惜しまず
・「う」美しく
・「え」笑顔が素敵な
・「お」おっぱいがでかい

まぁほぼ最後の一文が言いたかっただけだったりするので、あまり気にしないでください。

いい女の定義というのは結構曖昧《あいまい》なものだったりしますけども、女が最も美しくなるのは恋愛であり、女が最も醜くなるのも恋愛だったりしますよね。その人を好きな自分が嫌いになったらもうその恋愛は終わりにすること。その決断力が結構重要なんじゃないかなぁという気がします。

69

過去の失敗は、
過去から自立したときに
教訓にできるのが、いい女。

ひとつの恋が終わったら、一度ちゃんと自立しましょう。

「付き合ってほしい、幸せにしてほしい、もう一度やり直してほしい……ほしいほしいと自分の幸せばかりを願った恋愛は、いったい誰に恋してたんだろう、いったい何に恋してたんだろう」

私が大学生のときの日記に、こんなことが書いてありましたよ。

まぁ若気のいったりきたりです。こういうのって、ひとつの恋愛が終わってひとりに戻り、その失恋から解放されて恋愛から自立できたときに、やっと辿り着く疑問だったりします。それは、限りなく正解に近い疑問だと思うんですよね。

ですので、ひとつの恋愛が終わったら、ちゃんと恋愛から自立することが必要だと思うんです。

恋愛の渦中にいたらわからないことに、気づいたりしますからね。

70

強い女を弱くするのが、いい男。
弱い男を強くするのが、いい女。

誰に何と言われようと、強く生きましょう。

「女なのに、そんなに勉強してどうするの」「女なのに、仕事ばかりだね」「ひとりで生きていけそうだね」。これまでの頑張りを否定するような言葉に傷つき、生きにくさを感じているあなた。じゃあ、〝守ってあげたくなるような弱い女〟になれば、男に愛されるのか。それは、ちょっと違います。

男は、基本的に自分より弱い女を好みます。それでも構わず強くなりましょう。男は、基本的に何かを守ってあげたいと思っている生き物です。それでも構わず強く生きましょう。

女は、基本的に自分より強い男を好みます。だからこそ精一杯強くなりましょう。女は、基本的に誰かに守ってもらいたい生き物です。だからこそ精一杯強く生きましょう。

強い女を、弱くさせるのがいい男。弱い男を、強くさせるのがいい女です。

強さは美しさ、弱さは可愛らしさなのです。

71

恋愛の神様は、
恋愛を頑張る女ではなく、
「恋愛なしでも生きていける女」に
出会いを授ける。

恋愛感情は、何かを頑張っている
その人を応援したい、
という気持ちからスタートする。

女性がよく言う「恋愛を頑張る！」って何かズレていると思うんです。何かに夢中で頑張っている人は魅力的で、それを「応援したいな」と思うところから恋愛感情が芽生えるものだと思うんですよ。何かを頑張っている姿というものに惚れるわけであって、それを近くで応援したい、支えてあげたいと思うことが恋愛の根本だと思います。

そもそも「恋愛を頑張る」って何を頑張るのでしょう。キレイになる、ダイエットをする、身だしなみに気をつける……それらは恋愛のために頑張るのではなく自分のためにすることですよね。積極性も社交性もべつに恋愛のためではなく、生きていくために必要なスキルだから磨いているだけなんです。最も大事なのは恋愛を頑張ることではなく、恋愛なしでも生きていけること、美しくあること、そのスキルを磨くこと。それらの努力が女としての魅力になるということです。

column 3

男と女の「話し合い」

愛し合うということは、「愛するということを、話し合い続けること」ですよと、いろいろな媒体で言い続けているのですけども。

なぜこうも男と女は話し合いが成立しないのかといえば、男はアウトプットが苦手で女はインプットが苦手だからなんですよね。

男性は何かと背中で語りたがる生き物でして「それくらい言わなくてもわかるだろ」という都合のいい思考回路を持っていたりするのです。でも、そんな念力を飛ばされても女性はわかりゃしないんですよね。

男性は、自分が思っていることを言葉でアウトプットしないことから、男女間のトラブルが生じたりしてしまうわけです。

一方女性は、わかってほしい生き物でして、共感だけ

を求める都合のいい思考回路を持っていたりするものなんです。

欲しいのは「うん、うん、そうだね」という言葉だけ。異論を唱えれば聞く耳はシャットダウン、挙句の果てには「何でわかってくれないの⁉　ちっとも私の話を聞いてくれない！」と逆ギレする始末。

アウトプットするだけのスピーカー女になってしまうことから、男女間のトラブルが生じてしまうケースが多いんです。

男性は言葉で伝える技術を身につけること、女性は言葉を聞き入れる技術を身につけること。

それが男と女の話し合いを成立させるために必要なスキルなんですよ。

おわりに

「おわりに」を書くにあたって、今改めてゲラ（原稿）を見ているのですけども、いつも原稿を書くときはＤＪあおいさんに降臨してもらっているんですよ。

ですので、改めて素の自分で見てみると不思議な感覚なんですよね。中には「こんなこと書いたっけ？」というようなものもあったり、なるほどなぁ、と感心することもあったり。

まるでひとりの読者みたいな感覚なんですよね。

残念ながらＤＪあおいさんはこの「おわりに」だけは書いてくれないようでして、呼んでも呼んでも私の中に降りてきてくれないので、ＤＪあおいに代わりまして素の自分で締めくくることをご了承ください。

私の中で「ＤＪあおい」というキャラクターはもうすっかり独立した人格をもっているひとりの人間みたいな存在なんですよね。

私が意図せずともＤＪあおいが真っ白な原稿の中で勝手に暴れまわってくれるような感じなんです。素の私とは考え方も違うし価値観も違うし完全に別の人格なんですよ。

ですので、原稿や記事を書いている過程で思いもよらないことをつらつらと書きはじめて自分でも「へえ、すごいな」とＤＪあおいさんに感心してしまうことも頻繁にあるんです。

仕事以外でも何か迷うことがあると、自分の中のＤＪあおいさんに聞いてみたりして、それで結構キツイお説教をくらって、もうこの人なんなの！　とケンカすることもあったりして、もうすっかり私の中に住んでいる人みたいなものなんですよね。

今は私の中でぐうたらお休みしているご様子です。むりやり呼ぶとご機嫌を損ねてめんどくさいことになるのでそっとしておきましょう。

彼女はお疲れだと下品な下ネタしか言わなくなりますから、しかもそれが止まらなくなりますから、ここは彼女のマネージャーである素の私が彼女のイメージを守るために仕切らせていただきますよ。

この本に多数収録されている「男と女の違いシリーズ」。これはＤＪあおいの存在みたいなものを知っていただくきっかけになったものです。

まぁ元々ＤＪあおいはスケベが原動力みたいな人ですから、暇があれば男と女を観察してフムフムと分析するような人なんですね。

この本には収録していませんが結構キツイ下ネタの男女の違いもたくさんあったはず。暇があったらツイッターやブログで探してください、いや、探さないでください。

数ある男女の違いの中でもＤＪあおいさんが最も気に入っているのが、この本のタイトルにもなっている「男は好きだと嘘をつく、女は嫌いと嘘をつく」なんですけども、せっかくなのでもう少し補足しておきますね。

男性の「好きだ」という嘘は女性を騙すための嘘です。女性の「嫌い」という嘘は男性に騙されないための嘘です。

男性は狩猟本能で嘘をついて女性は防衛本能で嘘をつくということですね。

しかし男性は、狩猟本能に特化しているわりに防衛本能はたいしたことのない生き物でして、女性から「好き」と言われるとそれを疑うこともなくコロッと騙されてしまうんですよね。

一方、女性は「好き」という言葉は疑うくせに、「嫌い」という言葉は疑いもせずに信じてへこんでしまうんですよ。

女性に「好きだ」という気持ちを伝えるにはそれなりに時間を掛けなきゃならないってことですね。

それが本当に惚れた女なら一生を賭けて好きだという気持ちを伝え続けてくださいってことです。

と、DJあおいさんが言っていました。

そろそろ文字数も残り少なくなってきたわけですがいかがでしたでしょうか？

読者の皆様の心に少しでも爪痕を残せていれば幸いです。読了ありがとうございました。

2016年2月　DJあおい

解説

山﨑ケイ（相席スタート）

数年前、リツイートされてくる、詩的な恋愛ツイートに目が留まりました。ツイートしていたのは〝ＤＪさとみ〟。後輩芸人の裏アカウントでした。「あれ、面白いね」。と話題にしたところ、人気ブロガーのパロディだと教わりました。それをきっかけにＤＪあおいさんを知り、さとみよりも格段に面白い恋愛指南をちょくちょく拝読するようになりました。

その後、拙著『ちょうどいいブスのススメ』で対談もさせていただきました。穏やかで楽しい会話の中で、時折、自分でも気がつかなかったエゴを鋭くスパッと切りつけられるのですが、切れ味がよすぎてむしろ気持ちがいいのです。

今回、文庫化されたこの本も、そんなDJあおい節が詰まっています。読み終わった方は、短い言葉で端的に突きつけられる男女の真理に、胸がギュッと痛くなったかもしれませんが、それは自分の過ちに気づくからこそ。

恋愛におけるいざこざの多くは、男女の違いを理解しないことから起こっているように思います。男性と女性では、脳の構造も考え方も何もかも違う。その前提を理解しないと、たくさんの過ちを犯してしまいます。

私は男性とコンビを組んだことで、男女の違いを知ることができました。相方の山添は恋愛ではなく仕事の相方なので、自分を飾る必要がなく、また、冷静に彼を見ることができたからです。そうやってよく観察してみると、男性と女性というのは、とことん違う生き物だということに気づかされます。

本書にも「男は、シングルタスク。女は、マルチタスク。」（44ページ）とありますが、相方はまさしくそうなのです。スマホを見ているときに声をかけても、返事はするのですが、まったく聞いていません。全部話して最後に答えを求めると「あ、すいません、聞いてませんでした」と。これが彼氏だった場合、「私よりスマホが大切なの？」とか「私より大切な人とやりとりしてるの？」と、責め立ててケンカに発展しかねません。でも、〝恋愛〟というおかしな脳内変換装置を通さなければ、単に、「男が何かしているときに話しかけても無駄」というだけのことなのです。話しかけたときに返事をしても、スマホから目を離すまでは大切なことは話さないほうがいい。聞こえていないから。たったそれだけのことです。

もちろん私もかつては過ちを犯していました。テレビでサッカー中継を見ている彼に「ねえ、この選手ってすごいの？」「オフサイドってどんなルール？」などと甘ったるく聞いて「うるさい！」とウザがられたり。さらに追い打ちをかけるように「うるさいって……私のこと好きじゃないんだ？」といじけて見せるおまけつき。「なんで、今、試合観てるのにじゃまするんだよ」なんて言われようものなら、「あなたが好きなものを共有したいからじゃん！　好きだからじゃん！」と泣く。

そう、「好きじゃないんだ？」「好きだからじゃん！」の不毛な無限ループで、私も含め、世の中の男女がどれだけケンカをしたことでしょう。この〝テレビでサッカー中継を観る〟というシチュエーションにおいて、男性はどこをどうしても「お前が好きだからじゃん」にはたどりつけないわけですから、もう黙りこむしかありません。こんなケンカが起こるのも「男は、シングルタスク。」ということを理解していなかったという、たったそれだけのことが原因なのです。

同じように、男性もこの本を読んでおくことで、無駄な諍《いさか》いを避けることができます。たとえば、「悩んだとき放っておいてほしいのが、男。悩んでいたら話を聞いてほしいのが、女。」（60ページ）ということを、多くの男性はまったくわかっていません。女性が悩みを相談すると、多くの男性は「そんなのわかってたことじゃん」と、説教じみたことを言うか、「フローを可視化して上司に相談してみたら？」というような、バカ真面目なアドバイスを返してしまうことがほとんどです。しかし、その対応では女性はどんどんと不満顔になり、最終的には「もういいよ」と話すことを諦めて強制終了するはずです。「じゃあ、どうすればよかったんだよ」と思うでしょう。答えは〝聞いて、共感する〟です。うんうん、と相槌を打って話を聞き、「つらいね、特に君の状況は大変だよね」と言ってくれればいいだけ。反対に自分が悩んでいるときも、注意が必要です。

男性はあまり相談をしたがりませんが、女性は悩んでいることは察しますから、何があったのかと聞いてくるでしょう。そんなときも「放っておいてくれ」なんて言おうものなら大変です。「放っておけないじゃん！　だって好きなんだから！」。こうして再び「好きじゃないんだ？」「好きだからじゃん！」スパイラルです。そうなるぐらいなら、さわりぐらい話しておいたほうが楽というものです。

この本にはそういった、「これさえ知っていれば、いらぬケンカをせずに済んだのに」というヒントがギッシリと詰まっています。あらかじめ読んでおくのはもちろんですが、せっかく文庫化されたわけですから、つねに携帯して男性に「キーッ」となったらケンカをふっかける前に開いて、そのイラつきの原因を探してみるとよいでしょう。そうすれば相手が悪いわけではなく、男性はそういうものなのだということがわかってスッキリするはずです。彼にも読んでおいてもらえば、なおよし。

ＤＪあおいさんもこの本の最後で言っていますが、いい恋愛をするには自立していることが大きな条件になると思います。ふたりでいると楽しいけど、ひとりでいても楽しい。彼がいなくても充実しているけど、彼がいるともっと楽しいというように。でも、不安があるとそうはなれません。私も学生時代にめちゃくちゃ束縛をする恋愛をしたことがあります。なぜそんなことをしたかといえば、不安だったからです。結局、束縛しすぎてフラれてしまいましたが、その時にこの本があったら結果は違っていたかもしれません。

この本はテンポがよすぎてスラスラと読めてしまいますが、1回読んだぐらいでは足りません。不安やイラつきといった恋愛の負の感情から抜け出していい恋愛をするためには、一言一句覚えるぐらいの勢いで熟読されることをおすすめします。

——お笑い芸人

（構成・鷲頭文子）

イラスト・つぼゆり／本文デザイン・西垂水敦（ｋｒｒａｎ）

この作品は二〇一六年三月小社より刊行されたものです。
JASRAC 出 1814713-801

幻冬舎文庫

●好評既刊
じゃあ言うけど、それくらいの男の気持ちがわからないようでは一生幸せになれないってことよ。

ＤＪあおい

愛されようと頑張るより、愛することを楽しむのが恋愛の究極のコツ。男女の違いから恋愛の勘違いと無駄な努力までを、月間６００万ＰＶの人気ブロガーＤＪあおいが愛情を持ってぶった斬る！

●最新刊
40歳を過ぎたら生きるのがラクになった
アルテイシアの熟女入門
アルテイシア

若さを失うのは確かに寂しい。でもそれ以上に生きやすくなるのがＪＪ（＝熟女）というお年頃。ＷＥＢ連載時から話題騒然！ ゆるくて楽しいＪＪライフを綴った爆笑エンパワメントエッセイ集。

●最新刊
ヘタレな僕はＮＯと言えない
公僕と暴君
筏田かつら

県庁観光課の浩己は、凄腕の女家具職人・彬に仕事を依頼する。しかし彬は納品と引き換えにあらゆる身の回りの世話を要求。振り回される浩己だが、だんだん彬のことが気になってきて——!?

●最新刊
〝がん〟のち、晴れ
「キャンサーギフト」という生き方
伊勢みずほ　五十嵐紀子

アナウンサーと大学教員、同じ36歳で乳がんに罹患した2人。そんな彼女たちが綴る、検診、告知、治療の選択、闘病、保険、お金、そして本当の幸せについて。生きる勇気が湧いてくるエッセイ。

●最新刊
洋食　小川
小川　糸

寒い日には体と心まで温まるじゃがいもと鱈のグラタン、春になったら芹やクレソンのしゃぶしゃぶを。大切な人、そして自分のために、今日も洋食小川は大忙し。台所での日々を綴ったエッセイ。

幻冬舎文庫

●最新刊
男子観察録
ヤマザキマリ

男の中の男ってどんな男？　責任感、包容力、甲斐性なんて太古から男の役割じゃございません！　ハドリアヌス帝、プリニウス、ゲバラにノッポさん。古今東西の男を見れば「男らしさ」が見えてくる？

●最新刊
鳥居の向こうは、知らない世界でした。3 ～後宮の妖精と真夏の恋の夢～
友麻　碧

異界「千国」で暮らす千歳は、第三王子・透李に嫁ぐ王女の世話係に任命される。しかし、透李に恋する千歳の心は複雑だ。ある日、巷で流行している危険な〝惚れ薬〟を調べることになり……。

●最新刊
下北沢について
吉本ばなな

自由に夢を見られる雰囲気が残った街、下北沢に惹かれ家族で越してきた。本屋と小冊子を作り、玩具屋で息子のフィギュアを真剣に選び、カレー屋で元気を補充。寂しい心に効く19の癒しの随筆。

●最新刊
やめてみた。
本当に必要なものが見えてくる、暮らし方・考え方
わたなべぽん

炊飯器、ゴミ箱、そうじ機から、ばっちりメイク、もやもやする人間関係まで。「やめてみる」生活を始めた後に訪れた変化とは？　心の中まですっきりしていく実験的エッセイ漫画。

●最新刊
一〇三歳、ひとりで生きる作法
老いたら老いたで、まんざらでもない
篠田桃紅

百歳を超えた今でも筆をとる、孤高の美術家、篠田桃紅。人の成熟とは何か、人生の仕舞い方のコツ……。老境に入ってもなお、若さに媚びず現役を貫く、強い姿勢から紡がれる珠玉のエッセイ集。

幻冬舎文庫

●好評既刊
絶対正義
秋吉理香子

由美子たち四人には強烈な同級生がいた。正義だけで動く女・範子だ。彼女の正義感は異常で、人生を壊されそうになった四人は範子を殺した。五年後、死んだはずの彼女から一通の招待状が届く！

●好評既刊
雪の華
岡田惠和・脚本
国井　桂・ノベライズ

余命を宣告された美雪の前に現れた悠輔。彼の窮地を救うため、美雪は百万円を差し出して、一か月間の恋人契約を持ちかけるが……。東京とフィンランドを舞台に描かれる、運命の恋。

●好評既刊
消された文書
青木　俊

新聞記者の秋奈は、警察官の姉の行方を追うなか、オスプレイ墜落や沖縄県警本部長狙撃事件に遭遇、背景に横たわるある重大な国際問題の存在に気づく。圧倒的リアリティで日本の今を描く情報小説。

●好評既刊
火の島
石原慎太郎

幼い頃にいた三宅島で出逢い心を寄せ合うも突然の噴火で生き別れになった英造と礼子。企業を食い物にするアウトローの男と上流社会に身を置く女。火の島で燃え上がる禁断の愛を描く話題作。

●好評既刊
少数株主
牛島　信

同族会社の少数株が凍りつき、放置されている。「俺がそいつを解凍してやる」。伝説のバブルの英雄が叫び、友人の弁護士と手を組んだ。現役最強の企業弁護士による金融経済小説。

幻冬舎文庫

●好評既刊
1968 三億円事件
日本推理作家協会 編／下村敦史 呉 勝浩 池田久輝 織守きょうや 今野 敏 著

1968年（昭和43年）12月10日に起きた「三億円事件」。昭和を代表するこの完全犯罪事件に、人気のミステリー作家5人が挑んだ競作アンソロジー。物語は、事件の真相に迫れるのか？

●好評既刊
橋本治のかけこみ人生相談
橋本 治

頑固な娘に悩む母親には「ひとり言をご活用ください」と指南。中卒と子供に言えないと嘆く父親には「語るべきはあなたの人生、そのリアリティです」と感動の後押し。気力再びの処方をどうぞ。

●好評既刊
芸術起業論
村上 隆

海外で高く評価され、作品が高額で取引される村上隆が、他の日本人アーティストと大きく違ったのは、欧米の芸術構造を徹底的に分析し、世界基準の戦略を立てたこと。必読の芸術論。

●好評既刊
芸術闘争論
村上 隆

世界から取り残されてしまった日本のアートシーン。世界で闘い続けてきた当代随一の芸術家が、自らの奥義をすべて開陳。行動せよ！ 外に出よ！ 現状を変革したいすべての人へ贈る実践の書。

●好評既刊
愛よりもなほ
山口恵以子

没落華族の元に嫁いだ、豪商の娘・菊乃。しかしそこは地獄だった。妾の存在、隠し子、財産横領、やっと授かった我が子の流産。菊乃は、欲と快楽を貪る旧弊な家の中で、自立することを決意する。

ていうか、男《おとこ》は「好《す》きだよ」と嘘《うそ》をつき、女《おんな》は「嫌《きら》い」と嘘《うそ》をつくんです。

DJあおい

平成31年2月10日　初版発行

発行人――石原正康
編集人――袖山満一子
発行所――株式会社幻冬舎
〒151-0051東京都渋谷区千駄ヶ谷4-9-7
電話　03(5411)6222(営業)
　　　03(5411)6211(編集)
　　　振替00120-8-767643
印刷・製本―株式会社　光邦
装丁者――高橋雅之

幻冬舎文庫

ISBN978-4-344-42834-8　C0195　て-6-2